Nicaragua selon Maurice Lemoine

Gauche ou fondamentalisme ?

Ovide Bastien

Publié par Ovide Bastien

ISBN : 978-2-925157-21-2

Merci à Dominique Boisvert pour la révision et amélioration de ce texte

Autres livres de l'auteur

Chili: le coup divin, publié à Montréal par les Éditions du Jour en septembre 1974. Republié sur Amazon sous forme numérique en 2014 et sous forme imprimée en 2015.

Chile: el golpe divino, publié sous formes numérique et imprimée en 2017. Inclut une mise à jour "Epílogo 2017".

Chile: The Divine Coup, publié sous formes numérique et imprimée en 2017. Inclut une mise à jour, "Epilogue 2017".

CHILE: Underside of Economic Miracle, publié comme manuel de classe au Collège Dawson de 1995 à 2011. Mis à jour et republié sur Amazon sous forme numérique en 2014 et sous forme imprimée en 2015.

My 9/11 Awakening to America's Moral Crisis, (Journal et lettres lors du coup d'État chilien de septembre 1973) publié sur Amazon sous formes numérique et imprimée en 2015.

Love or Money: What Makes the World Go Round?, publié sur Amazon sous formes numérique et imprimée en 2015.

Cry of the Earth - Cry of the Poor, publié sur Amazon sous formes numérique et imprimée en 2016.

Globalization Under Attack, publié sur Amazon sous formes numérique et imprimée en 2017.

Life of the Mind According to Aimé Forest, publié sur Amazon sous formes numérique et imprimée en 2018.

La vie de l'esprit selon Aimé Forest, publié sur Amazon sous formes numérique et imprimée en 2018.

Carl R. Rogers' Crisis: Subjectivity vs. Objectivity, publié sur Amazon sous formes numérique et imprimée en 2018.

La crise de Carl Rogers: Subjectivité vs objectivité, publié sur Amazon sous formes numérique et imprimée en 2018.

History of Zelaya Blandón Family, publié sur Amazon sous formes numérique et imprimée en 2018.

<u>Historia de la Familia Zelaya Blandón</u>, publié sur Amazon sous formes numérique et imprimée en 2018.

<u>Roots of Crisis: Nicaragua 2018</u>, publié sur Amazon sous formes numérique et imprimée en 2018.

<u>Raíces de la crisis: Nicaragua 2018</u>, publié sur Amazon sous formes numérique et imprimée en 2018.

<u>Racines de la crise: Nicaragua 2018</u>, publié sur Amazon sous formes numérique et imprimée en 2018.

Conférences et interviews

Pour visionner ma conférence (en anglais) sur le coup d'État chilien du 11 septembre 1973 lors du Forum social tenu à Ottawa le 22 août 2014 :
https://www.youtube.com/watch?v=LJqi5bSLN0c

Christ Dayo du CHRY News Collective m'a interviewé en septembre 2014. Pour écouter cet interview radiodiffusé de 30 minutes (en anglais) sur le coup d'État chilien du 11 septembre 1973 :
https://www.mixcloud.com/discover/ovide-bastien/

Pour visionner mon hommage à Sœur Marie Denise Dubois, une femme qui a dédié sa vie aux marginalisés au Chili et au Honduras :
<u>Marie Denise Dubois ou l'autre visage de l'Église</u>

Pour visionner ma conférence (en français) sur le coup d'État chilien du 11 septembre 1973 lors du Forum social mondial tenu à Montréal en août 2016 : <u>Ovide Bastien| L'Égypte entre démocratie et dictature</u>

Pour obtenir plus d'information sur l'auteur (https://www.amazon.com/kindle-dbs/author/ref=dbs_a_mng_awm_scns_share%3F_encoding=UTF8&asin=B015UHPY80)

Table des matières

Mépris pour la souffrance d'un peuple

Comme le note l'ex-rédacteur en chef du Monde diplomatique, Maurice Lemoine, dans son article du 18 janvier 2019, Quand on veut noyer l'ALBA, on l'accuse d'avoir la rage,[1] il est évident que nous assistons présentement à une montée de la droite en Amérique latine et que les États-Unis cherchent à appuyer et instrumentaliser cette montée. En témoigne éloquemment, dit-il, l'affirmation du conseiller pour la sécurité nationale des États-Unis, John Bolton, qui fait référence en novembre 2018 à une « troïka de la tyrannie » et à un « triangle de la terreur » en évoquant Cuba, le Nicaragua et le Venezuela – tous trois membres de l'Alliance bolivariennc pour les peuples de notre Amérique (ALBA).

Cependant, l'analyse de Maurice Lemoine, qui, à partir de ce constat global, porte un regard d'une part fort bienveillant sur le comportement du gouvernement Ortega-Murillo au Nicaragua et, d'autre part, fort critique sur celui des centaines de milliers de manifestants qui demandent le départ d'Ortega-Murillo, me trouble profondément. Même s'il démontre une connaissance remarquable de la conjoncture dans laquelle se trouve présentement l'Amérique latine, je crois que Lemoine, dans son analyse du Nicaragua, fait preuve d'un fondamentalisme qui ressemble drôlement à celui qu'on retrouve si souvent dans le monde religieux.

---

[1] *Mémoires de luttes*, consulté le 19 janvier 2019.

Nicaragua selon Maurice Lemoine : gauche ou
fondamentalisme?

Les lecteurs et lectrices qui connaissent peu de l'histoire du
Nicaragua, sinon les grands traits de l'extraordinaire
révolution sandiniste des années 80, la montée de la droite
néolibérale de 1990 à 2006, et le retour, en 2007, d'un FSLN
qui adopte le slogan 'solidaire, socialiste, et chrétien' et la
chanson de John Lennon, Peace and Love, vont sans doute
être fort impressionné par la quantité de faits présentés par
Lemoine pour appuyer sa thèse selon laquelle ce qui est
arrivé au Nicaragua ne représente qu'une autre tentative de
coup d'État, financée et appuyée médiatiquement par
l'empire américain et la droite nicaraguayenne. Une tentative
habilement déguisée en soulèvement populaire soudain,
massif et pacifiste mais qui, selon Lemoine, n'a rien de
spontané, populaire et encore moins de pacifiste.

Ce qui me trouble et me révolte dans l'analyse avancée par
Lemoine, ce ne sont pas les faits et évènements qu'il
rapporte, mais plutôt ceux qu'il omet. Aussi et surtout, c'est
le MÉPRIS dont il témoigne par rapport à l'immense
souffrance d'un peuple dont la grande majorité est
aujourd'hui plongée dans le deuil, la souffrance, l'insécurité
économique et la peur.

Je me considère de gauche, mais je tiens à me dissocier
carrément du type de gauche que semble incarner Maurice
Lemoine. Et dans ce qui suit, je vais tenter d'expliquer
pourquoi.

Je tiens à préciser que même si l'analyse de Lemoine ne porte
pas seulement sur la situation au Nicaragua - il est beaucoup
question du Venezuela, de la conjoncture globale en
Amérique latine, et même des gilets jaunes en France - je
m'en tiendrai strictement à ses observations par rapport au
Nicaragua, pays que je visite annuellement depuis 23 ans et
dont j'ai une connaissance plus approfondie.

L'enjeu politique : la gauche peut-elle être critique sans trahir ?

Derrière cette critique d'une analyse de Maurice Lemoine sur la situation nicaraguayenne, la question qui se pose, pour toute la gauche politique, c'est quand et comment peut-on être critique d'un gouvernement progressiste (ou même révolutionnaire) sans faire le jeu de « l'ennemi » ou des forces de droite, de l'impérialisme ou des États-Unis.

Dans tout conflit, il est évident que n'importe quelle prise de position, critique ou analyse peut (et va) être récupérée par l'un ou l'autre des adversaires s'il croit pouvoir s'en servir pour appuyer sa cause. Alors, comment garder le droit de rester critique et ne pas devenir inféodé, de manière servile et obligée, à n'importe quel pouvoir qui revendique d'être progressiste, de gauche, révolutionnaire ou bolivarien ? Comment éviter de devenir les chantres ou défenseurs inconditionnels de ceux qu'on a appuyés par le passé et qui exercent maintenant le pouvoir convoité, fût-ce « au nom du peuple », *quels que soient leurs agissements actuels* ?

Un cas limite illustrera mon questionnement. Robert Mugabe, chef militaire de l'Union nationale africaine du Zimbabwe (ZANU), l'un des deux mouvements de libération armée luttant contre les autorités coloniales de la Rhodésie du Sud, est élu premier ministre lors d'élections démocratiques internationalement supervisées en mars 1980. Il deviendra président du Zimbabwe en 1987 en transformant le pays en régime présidentiel à parti unique. Et il dirigera le Zimbabwe de manière de plus en plus autoritaire (dictatoriale ?) jusqu'à l'âge vénérable de 93 ans, en 2017, où il est finalement contraint de démissionner pour éviter d'être légalement destitué. Ce dirigeant politique révolutionnaire, en 1980, a occupé le pouvoir de manière ininterrompue (et absolue) pendant 37 ans. À la fin de son règne, il était devenu une caricature pathétique (pour lui) et dramatique (pour son peuple) de dictateur prêt à tout pour s'accrocher au pouvoir (et le léguer ensuite à sa deuxième femme). À quel moment est-il devenu légitime (voire nécessaire) de critiquer un tel gouvernement originalement révolutionnaire ? Jusqu'où et jusqu'à quand peut-on « gouverner pour le peuple » quand une bonne partie du peuple n'y trouve plus son compte, vouloir le bien du peuple et le lui imposer par la force et la répression ?

Questions qui ne sont pas simples, et qui me semblent s'appliquer ici dans le cas précis du Nicaragua que je connais bien depuis longtemps, où j'ai des connaissances et des amis des deux côtés de la barricade, où j'ai été un soutien actif de la révolution sandiniste, mais où j'en suis venu, chaque jour davantage, à me questionner sur la transformation (et la perversion ?) graduelle du second gouvernement Ortega.

Observations de Lemoine et ma critique

Dans un premier temps, je vais reproduire les principales observations de Lemoine par rapport au Nicaragua ; dans un deuxième temps, je vais en faire la critique.

Cette critique se fondera sur le critère que Lemoine lui-même considère fondamental dans tout reportage. Il faut toujours, insiste-t-il, savoir nuancer et être précis, situer les évènements dans leur contexte et éviter de ne retenir que ceux qui correspondent à nos dogmes et choix. Et c'est précisément, selon lui, ce que la presse dominante ne fait plus.

> « L'immense majorité de la noble caste médiatique »
> a « depuis longtemps oublié le sens du mot
> *contextualiser* », affirme Lemoine. Et il donne
> comme exemple le traitement médiatique de la crise
> nicaraguayenne qui « n'a péché ni par un excès de
> nuance ni par sa précision, une faction majoritaire de
> la 'journalie' ayant pris la funeste habitude de passer
> sous silence la partie de la réalité qui ne va pas dans
> le sens de ses dogmes et de ses choix ».

On peut difficilement remettre en question le critère avancé par Lemoine relativement à ce qui devrait caractériser tout reportage rigoureux et intellectuellement honnête. Mais voyons comment Lemoine lui-même passe le test de ce critère dans son traitement médiatique de la crise nicaraguayenne.

Nombre de victimes

Lorsque j'ai écouté sur YouTube le rapport présenté à Washington le 20 décembre 2018 par le Groupe interdisciplinaire d'experts indépendants (GIEI), à un moment donné, je me suis effondré en larmes. Celles-ci découlaient possiblement un peu de la douleur que je ressentais encore après le remplacement récent de mes deux genoux. Mais je crois qu'elles provenaient surtout de l'immense tristesse que je ressentais face à la souffrance du peuple nicaraguayen, bien décrite dans le rapport. Et aussi du témoignage d'une amie nicaraguayenne qui, de retour à Montréal après avoir passé deux mois dans sa famille paysanne au Nicaragua, me disait :

> « Ovide, personne dans ma famille et ma région ne parle de ce qui se passe au Nicaragua. Les gens vivent dans la peur. »

Quelques jours plus tard lorsque j'ai tenté, lors d'une conversation téléphonique, d'expliquer à un ami, un homme progressiste et d'une générosité immense pour les marginalisés, ce que j'avais ressenti en écoutant en direct le rapport du GIEI, il m'a immédiatement interrompu :

> « Ovide, arrête là. Je ne veux rien savoir de ce groupe d'experts qui travaillent pour l'OEA. Cette organisation est de droite, et je n'ai aucune confiance dans leur rapport; je ne le lirai tout simplement pas! »

Estomaqué, j'ai tout simplement changé de sujet. Je n'avais même pas pu lui raconter que je m'étais effondré en larmes en prenant connaissance du rapport.

Lorsque j'étais jeune, ma famille paysanne et fort catholique croyait mordicus qu'il ne fallait pas qu'un membre de la famille se marie à un protestant, ou à quelqu'un d'une autre religion que le catholicisme. Les qualités humaines d'une personne non-catholique, si extraordinaires soient-elles, n'avaient aucune importance. Ce qui importait, c'était une personne qui adhérait à notre foi.

****

Comme mon ami progressiste, Lemoine ne semble pas accorder beaucoup d'importance au rapport du GIEI. Ni d'ailleurs à ceux qui affirment, pour l'essentiel, les mêmes choses : le rapport élaboré par le Haut-Commissaire des Nations Unies, *Violations des droits de l'homme et abus dans le contexte des manifestations au Nicaragua du 18 avril au 18 aout 2018*, et ceux élaborés par la Commission interaméricaine des droits de l'homme (CIDH), le Centre nicaraguayen des droits de l'homme, et Amnistie internationale.

Lemoine remet carrément en question, dans sa critique du rapport du GIEI, la valeur scientifique et l'impartialité de l'enquête sur laquelle il se fonde. Ce rapport « sur les violences commises entre le 18 avril et le 30 mai » est d'une rigueur scientifique fort douteuse, affirme-t-il, car ses responsables admettent eux-mêmes que leur enquête ne repose que sur l'interview « des familles de victimes, des 'survivants de la répression', des exilés, (…) des articles de presse (des médias d'opposition !) et une analyse 'rigoureuse' des photographies, de plus de trois millions de Tweets et de dix mille vidéos postés par les opposants sur les réseaux sociaux ».

Lemoine remet en question le nombre de victimes rapporté par le GIEI. Il a été démontré, affirme-t-il, « que 253 personnes victimes d'homicides crapuleux, de crimes de droit commun, d'accidents de la circulation, de suicides, ont été rajoutées par l'opposition et les ONG locales dites de 'défense des droits humains' dans la liste des victimes, afin de manipuler les opinions nationale et internationale par l'intermédiaire des médias dominants ».

Nicaragua selon Maurice Lemoine : gauche ou
fondamentalisme?

Le nombre de victimes rapporté par le GIEI, le Haut-
Commissaire des Nations-Unies et les ONG des droits de la
personne importe peu pour Lemoine ; sa foi (sa conviction
politico-idéologique), elle, est ailleurs. Il croit au
gouvernement Ortega. Il croit le récit de ce dernier selon
lequel la crise n'aurait provoqué que 197 morts, et que
l'opposition, les ONG nicaraguayennes, et les organisations
internationales n'auraient, pour gonfler intentionnellement ce
chiffre et noircir le gouvernement Ortega, qu'ajouté toutes les
autres victimes de droit commun - suicides, accidents de la
route, etc.

Mais quel petit fait, qui pourrait ajouter à la précision du
traitement médiatique de Lemoine, le nuancer, et démontrer
qu'il n'a pas oublié le sens du mot « *contextualiser* », passe-t-
il sous silence parce qu'il ne va pas dans le sens de ses
dogmes et ses choix ?

Le fait, pourtant tout à fait fondamental, que lorsque le GIEI,
les organisations des droits de la personne nicaraguayennes,
le Haut-Commissaire des Nations Unies ont, au cours des
mois de la crise et ce de façon répétée, demandé au
gouvernement Ortega de leur fournir l'information qu'il
détenait relativement au nombre de décès, blessés et disparus,
le nom des décédés et les circonstances entourant leur mort,
ceci afin qu'ils puissent comparer et, s'il y avait lieu, corriger
leur propre données, le gouvernement a toujours carrément
refusé, n'acceptant de rendre publics que les noms des 22
victimes des forces policières.

> « Pourquoi le silence et le secret concernant les
> 301 autres morts, s'interroge Carlos Chamorro. Et
> pourquoi le gouvernement Ortega, d'une part,
> refuse de coopérer avec la CIDH, ne leur fournit
> pas sa propre liste des morts afin qu'une
> comparaison puisse être faite entre la liste du
> gouvernement et celle de la CIDH, et, d'autre part,
> accuse la CIDH d'avoir produit un rapport partial

qui associe des morts liées à des manifestations civiques à celles résultant de crimes de droit commun ? »[2]

Malheureusement, note le GIEI dans l'introduction de son rapport, notre enquête a été affaiblie à cause du manque de collaboration des « organes de l'État nicaraguayen, qui ne fournissaient pas les documents demandés et n'ont pas non plus répondu aux demandes de réunions avec le GIEI. » C'est pour cela que nous avons dû nous limiter, à regret, à l'interview des victimes, l'analyse d'articles de presse, etc.

Or Lemoine, au lieu de rapporter ce manque de collaboration flagrant du gouvernement Ortega, qui remet en question sa crédibilité, fait exactement le contraire. Il met la faute sur le GIEI et lui reproche son manque de rigueur scientifique et d'impartialité, justement parce que son enquête ne repose que sur l'interview « des familles de victimes, des 'survivants de la répression', des exilés, (…) des articles de presse (des médias d'opposition !) et une analyse 'rigoureuse' des photographies, de plus de trois millions de Tweets et de dix mille vidéos postés par les opposants sur les réseaux sociaux ».

Comme journalisme d'enquête, on aurait souhaité mieux de Lemoine! Rapporter comme faiblesse le fait que les enquêteurs du GIEI n'ont pas fait appel aux données du gouvernement, alors que c'est ce dernier qui a systématiquement refusé de les fournir, c'est manquer, de façon grossière, d'honnêteté intellectuelle. Cela va à l'encontre des exigences qu'il reproche lui-même aux médias dominants de ne pas respecter : la précision, les nuances, la « contextualisation » et, surtout, le fait de ne pas passer sous

---

[2] « Los "falsos positivos" de la matanza de Ortega » (Les 'faux positifs' du massacre d'Ortega), *Confidencial*, le 20 août 2018, consulté le même jour.

silence les parties de la réalité n'allant pas dans le sens de ses dogmes et de ses choix.

Groupes paramilitaires pro-Ortega

Lemoine affirme qu'il « n'y a pas eu intervention de paramilitaires » au Nicaragua, mais plutôt « une amorce de 'guerre civile', dans la grande tradition nicaraguayenne, impliquant des excès meurtriers des deux côtés ». Après avoir mentionné les manifestations étudiantes d'avril 2018 contre la réforme de l'Institut nicaraguayen de sécurité sociale (INSS), réforme rapidement abandonnée par Ortega, il poursuit, décrivant dans les termes suivants le début de ce qu'il qualifie de guerre civile :

> « C'est donc avec un Conseil supérieur de l'entreprise privée (Cosep) dissimulé derrière la façade des étudiants « autoconvocados » (auto-organisés), plus susceptibles de provoquer la sympathie, qu'une Alliance civique hétéroclite, composée de secteurs disposant chacun de son propre agenda politique, réclame soudain – oubliant l'INSS – 'le départ d'Ortega'. Et que, sur le terrain, la situation dégénère. Tirs d'armes à feu et de mortiers artisanaux, incendies criminels, barricades (les « tranques »), pillages, destruction de bâtiments officiels et privés : une violence insurrectionnelle, qui n'a rien d'étudiante, ni de 'pacifique', ni de 'spontanée', provoque autant de victimes, civiles et policières, que la répression qui y répond. Sans émouvoir les chiens de garde médiatiques. Toute voix s'écartant du récit 'officiel' se voit d'office éliminée. »

Que la vaste majorité des observateurs, à la fois nicaraguayens et internationaux, reconnaissent que l'élément clé qui a déclenché le vaste soulèvement populaire contre le gouvernement Ortega fut la violence brutale et létale des paramilitaires pro-Ortega contre les étudiants, cela a peu d'importance pour Lemoine. Non seulement ne reconnaît-il pas, de la part des paramilitaires pro-Ortega, l'existence d'une telle violence, mais il va même jusqu'à nier l'existence même de ces paramilitaires!

À l'origine de cette « guerre civile », Lemoine identifie plutôt « une violence insurrectionnelle ». Les manifestants étudiants, pour lui, ne représentent qu'une façade, « plus susceptibles de provoquer la sympathie », pour dissimiler une tentative de renversement du gouvernement Ortega : rien de plus. Et la demande, provenant de centaines de milliers de manifestants, pour le départ du couple Ortega-Murillo, ne reflète qu'un complot, partie intégrante de la montée de la droite en Amérique latine, pour renverser le gouvernement.

Que dès le 21 mai 2014[3] les évêques de l'Église catholique du Nicaragua reprochaient déjà au gouvernement Ortega le fait que sa police demeurait les bras croisés lorsque des groupes paramilitaires pro-gouvernement attaquaient violemment des manifestants pacifiques, cette information, qui pourrait « contextualiser » la crise d'avril 2018 et nous aider à mieux comprendre ses racines profondes, importe peu pour Lemoine. Sa foi est dans Daniel Ortega.

Que les ONG nicaraguayennes, le CIDH, Amnistie internationale, et le GIEI reconnaissent tous et déplorent l'existence de paramilitaires pro-Ortega, cela n'impressionne guère Lemoine.

Que le Haut-Commissaire des Nations-Unies affirme, dans son rapport du 29 aout 2018, que les « informations obtenues par le HCDH indiquent clairement que des éléments armés pro-gouvernement Ortega, y compris ceux connus sous le nom de 'forces de choc' ou de 'hordes', ont agi, souvent de façon conjointe et coordonnée avec la police nationale, et

---

[3] « En búsqueda de nuevos horizontes para una nicaragua mejor ». Voir le paragraphe 18 de la déclaration des évêques. Consulté le 15 aout 2018.

avec l'approbation de nombreuses autorités de l'État (…) et ont participé à des raids et à des attaques contre des manifestants et procédé à des détentions illégales », cela n'impressionne pas non plus Lemoine.

Et que même le frère de Daniel Ortega, Humberto, qui a dirigé l'armée révolutionnaire sandiniste durant toutes les années de la révolution et dans les premières années du gouvernement de Violeta Chamorro, reconnaisse et déplore l'existence de ces paramilitaires,[4] cela n'impressionne pas davantage Lemoine. Non. Sa foi est ailleurs. Il croit, lui, le récit de Daniel Ortega qui, pendant les semaines suivant l'éclatement de la crise, a maintenu dans les nombreuses interviews qu'il a accordées à Fox News, CNN, Telesur, Euronews, etc. que de tels paramilitaires n'existaient pas.

Que le GIEI, le Haut-Commissaire des Nations-Unies, le CIDH, ainsi que toutes les ONG nicaraguayennes et internationales affirment clairement que la plupart des victimes se trouvent du côté des manifestants, cela a peu d'importance pour Lemoine. Sa foi est ailleurs. Il croit le gouvernement Ortega qui soutient qu'il y a eu autant de victimes d'un bord comme de l'autre. Il sait lui, dans sa foi profondément révolutionnaire de gauche, qui a raison. Il sait que la droite déforme systématiquement la réalité et que la vérité se trouve chez Ortega. Il fait sienne l'affirmation du gouvernement Ortega selon laquelle « la CIDH manipule l'information, présentant une tentative de coup d'État comme une simple manifestation pacifique, et omettant délibérément de mentionner que les personnes assassinées sont principalement des policiers, des agents de l'État, des

---

[4] Voir « El mundo ya sabe lo que pasa en Nicaragua » (Le monde sait maintenant ce qui se passe au Nicaragua), *Envío*, août 2018, consulté le 1 septembre 2018.

militants sandinistes et des civils non impliqués dans le conflit. »[5]

Argent provenant de Washington pour préparer et financer le renversement d'Ortega

Lemoine fait état des sommes d'argent reçues de Washington par les médias indépendants et la société civile au Nicaragua, laissant clairement entendre que cet argent n'a rien à voir avec la justice sociale et la paix et vise plutôt carrément le renversement d'Ortega.

> « Sur la période 2010-2020, l'USAID – c'est-à-dire Washington – a destiné un budget de plus de 68 millions de dollars à ses 'amis' nicaraguayens – montant auquel ont été rajoutés 7 995 022 dollars en 2016 en direction d'un 'programme de renforcement des médias', affirme Lemoine. Pour exécuter celui-ci, la Fondation Violeta Barrios de Chamorro (du nom de l'ex-présidente de droite) a reçu à elle seule 2 530 000 dollars. De son côté, la NED fait feu de tous billets verts, avec comme principaux 'clients' Faisons la démocratie (525 000 dollars depuis 2014) et l'IEEPP (260 000 dollars sur la même période) ».

Cependant, Lemoine passe sous silence les sommes d'argent reçues ces dernières années du Venezuela - environ $500 millions US par année jusqu'à tout récemment - par Daniel Ortega. Cette aide massive, sous forme de pétrole vendu à conditions favorables, n'était pas dirigée au gouvernement du Nicaragua comme tel. Elle était privatisée, allant directement au FSLN, parti politique qui, suivant la défaite des sandinistes en 1989, s'était graduellement vidé de son programme révolutionnaire, devenant de plus en plus le

---

[5] Gobierno de Ortega ataca a la CIDH, Yader Luna, *Confidencial*, le 19 août 2018, consulté le 21 août 2018.

simple instrument de la dynastie familiale Ortega.[6] S'il est vrai que 40% de l'aide vénézuélienne finançait des programmes sociaux louables tout en fortifiant le soutien politique du gouvernement dans les milieux ruraux, il demeure que l'autre 60% servait pour enrichir la famille Ortega, qui devenait, avec ses nombreux enfants et leurs conjoints, propriétaires de grandes entreprises, incluant la propriété de la plupart des médias du Nicaragua.[7]

Lemoine passe également sous silence le fait que jusqu'à tout récemment, le secteur privé nicaraguayen (Cosep) représentait un très proche allié du gouvernement Ortega. Étonnant qu'un si proche allié décide, soudainement et comme par magie, de se joindre à une Alliance civique hétéroclite afin de renverser le gouvernement!

Passé sous silence aussi est le fait qu'Ortega collaborait étroitement avec le FMI ces dernières années et accueillait à bras ouverts les investissements américains, européens, canadiens, etc.

On peut se demander si l'information qui précède, omise dans le traitement médiatique que Lemoine fait du Nicaragua, permettrait aux lecteurs et lectrices de nuancer et contextualiser les choses. L'aide reçue de Washington par les médias indépendants et la société civile, fort modeste comparé à l'aide vénézuélienne, provenait-elle véritablement, comme le laisse entendre Lemoine, de la grande inquiétude du secteur privé nicaraguayen et des États-Unis relativement

---

[6] Voir Dora María Téllez, « El Frente Sandinista colapsó, ahora es la maquinaria política de una familia » (Le front sandiniste s'est effondré, c'est maintenant la machine politique d'une famille), *Envío*, janvier 2013, consulté le 15 août 2018.

[7] Daniel Inc: How Nicaragua's Ortega financed a political dynasty, David Adams et Wilfredo Miranda Aburto, Univision News, le 5 mai 2018, consulté le 7 septembre 2018. Voir aussi Carlos Chamorro et Carlos Maldonado, « Las cuentas secretas de Albanisa », *Confidencial*, le 5 mars 2011, consulté le 7 septembre 2018.

à un gouvernement « socialiste et révolutionnaire » qu'il fallait renverser pour ne pas nuire aux intérêts capitalistes nationaux et investissements américains?

Pourquoi chercher à défoncer une porte qui est déjà grande ouverte? Pourquoi s'attaquer à un modèle économique qui n'a de socialiste que le slogan, et qui reproduit les grandes caractéristiques du néolibéralisme, incluant l'enrichissement de l'élite au pouvoir?

L'Église catholique soutient la tentative de coup d'État?

Comme l'avait fait Ollatay Itzamna dans son blogue sur Telesur le 11 juillet 2018,[8] Lemoine s'en prend au rôle joué par les leaders de l'Église catholique durant la crise nicaraguayenne. Laissant clairement entendre, comme l'a fait plusieurs fois Daniel Ortega lui-même, que l'Église catholique a soutenu une tentative de coup d'État, il fait une critique cinglante de ses leaders, citant Jésus selon l'Évangile de Saint Matthieu:

> « Malheureux êtes-vous, scribes et pharisiens hypocrites, parce que vous ressemblez à des tombeaux blanchis à la chaux : à l'extérieur, ils ont une belle apparence, mais l'intérieur est rempli d'ossements et de toutes sortes de choses impures. C'est ainsi que vous, à l'extérieur, pour les gens, vous avez l'apparence d'hommes justes, mais à l'intérieur vous êtes pleins d'hypocrisie et de mal. »

Afin de démontrer « les liens directs de la hiérarchie ecclésiastique avec la sanglante tentative de déstabilisation », Lemoine se réfère à l'enregistrement audio d'une conversation privée de l'évêque auxiliaire de l'Archidiocèse

---

[8] « ¿Guerra santa en Nicaragua? », consulté le 20 août 2018.

de Managua, Mgr Silvio Báez, avec des dirigeants paysans, enregistrée à l'insu de l'évêque et « rendue publique par la communauté chrétienne Saint-Paul apôtre, de la colonie 14 Septembre (dans l'est de Managua) » : Audio conspirativo del obispo Silvio Baez, presentado esta mañana por la Comunidad Cristiana (Enregistrement audio conspiratif de l'évêque Báez présenté ce matin par la Communauté chrétienne).

Quelle information, qui pourrait aider lecteurs et lectrices à préciser, nuancer, et contextualiser le rôle joué par les leaders de l'Église catholique lors de la crise, est-elle omise par Lemoine? Quelle réalité passe-t-il sous silence, possiblement parce que celle-ci ne va pas dans le sens de ses dogmes et de ses choix?

Lors du Dialogue National entre manifestants et gouvernement qui a débuté en mai 2018, l'évêque d'Estelí, Mgr Abelardo Mata, intervient soudainement, et ce avec beaucoup d'émotion :

> « Monsieur le Président, (...) a commencé, et c'est avec douleur que je le dis, une révolution sans armes. Ici, il n'y a pas armée contre armée. C'est une population qui exprime toutes les doléances à votre égard que nous évêques avons recueillies depuis de nombreuses années, doléances que nous avons eu l'occasion de vous présenter le 21 mai 2014.[9] Si vous voulez démanteler la révolution, ce n'est pas par la force de balles en caoutchouc et en plomb, ni par les forces paramilitaires, que vous devez le faire. C'est en écoutant la population et les

---

[9] Les évêques nicaraguayens ont rencontré Daniel Ortega le 21 mai 2014. Ils ont produit un document, « En búsqueda de nuevos horizontes para una Nicaragua mejor », (À la recherche de nouveaux horizons pour un meilleur Nicaragua) qui présente au public ce qu'ils ont dit.

jeunes. Il s'agit d'une demande, d'une exigence. »[10]

Plus haut, j'ai mentionné une des doléances de la population nicaraguayenne auxquelles se réfère Mgr Mata, et que les évêques avaient présenté au gouvernement Ortega en mai 2014 : le fait que la police nationale demeurait souvent les bras croisés, alors que des paramilitaires pro-Ortega attaquaient violemment des manifestants pacifiques. Examinons brièvement quelques-unes des autres doléances, qui peuvent mettre en lumière les racines profondes de la révolte d'avril 2018.

Les évêques nicaraguayens critiquent le « traitement inhumain cruel et dégradant » auquel les prisonniers—des citoyens nationaux et étrangers—sont soumis, notamment dans les prisons d'El Chipote, et demandent leur fermeture. Ils affirment que la politique d'emploi du gouvernement favorise uniquement les sympathisants du gouvernement, et que les employés de l'État, qu'ils soient sandinistes ou pas, voient parfois une partie de leur salaire déduit pour appuyer le FSLN. Ils affirment que ces employés doivent aussi participer aux activités partisanes du FSLN, sans quoi ils risquent de perdre leur emploi. Ils soulignent les plaintes qu'ils reçoivent régulièrement des populations autochtones vivant près des réserves naturelles, comme Indio Maíz, exploitées par des entreprises et des particuliers proches du gouvernement, et ceci de façon prédatrice et au mépris total des lois environnementales et « sous la protection corrompue des autorités municipales et nationales ». Dans une référence claire à la mainmise quasi monopolistique de la famille Ortega sur les médias, ils critiquent « la monopolisation croissante des médias ». Sans mentionner explicitement les messages quotidiens de Rosario Murillo à la population dans

---

[10] "Así habló en el diálogo Juan Abelardo Mata, obispo de Estelí," mis en ligne sur YouTube le 16 mai 2018, consulté le 9 août 2018.

les médias de l'État, ils critiquent l'usage des signes et
valeurs religieux dans les slogans et la propagande de l'État
dans laquelle on « identifie le parti au pouvoir au Dieu
providence » et on présente « un parti politique et son
idéologie comme s'il s'agissait du 'culte de Dieu' ». Ils
dénoncent la concentration croissante du pouvoir, la
soumission de tous les pouvoirs de l'État à la volonté de
l'exécutif, l'identification parti-État, la fraude électorale, et le
trafic d'influence. [11]

Lorsque les retraités, en 2013, avaient manifesté massivement
contre le gouvernement Ortega, ils avaient subi, et ceci en
présence d'une police complice, une répression brutale de la
part de la Jeunesse sandiniste 19 juillet, cagoulé et portant des
armes à feu. L'évêque auxiliaire de Managua, Mgr Silvio José
Báez, avait immédiatement dénoncé cette répression,
qualifiant l'opération gouvernementale de 'terrorisme
d'État'.[12]

Luciana Chamorro et Emilia Yang, qui affirment que ce
'terrorisme d'État' de 2013 représente un précédent de celui
d'avril 2018, décrivent ainsi cet événement :

> « À l'aube du 22 juin 2013, à 4 heures du matin, le
> camp des manifestants est attaqué par environ 300
> jeunes hommes, liés à la Jeunesse sandiniste 19
> juillet, cagoulés et portant des armes à feu. En
> présence d'au moins 30 membres de la police
> nationale qui surveillent le bâtiment de l'INSS, ces
> jeunes hommes, arrivés sur les lieux dans quatre
> camions du maire de Managua, étendent de
> l'essence sur le camp, et menacent de mort et de

---

[11] Les évêques nicaraguayens ont rencontré Daniel Ortega le 21 mai 2014.
Ils ont produit un document, « En búsqueda de nuevos horizontes para
una Nicaragua mejor », (À la recherche de nouveaux horizons pour un
meilleur Nicaragua) qui présente au public ce qu'ils ont dit.
[12] « #OcupaInss, un precedente de Terrorismo de Estado, », *Confidencial*,
le 22 juin 2018, consulté le 5 août 2018.

viol, dévêtent et agressent, avec des bâtons, des marteaux, des machettes et des armes à feu plus de 50 jeunes et 35 personnes âgées. En outre, ils volent environ 80 000 dollars de leurs effets personnels, dont sept véhicules ainsi que des dons recueillis en appui aux retraités. »[13]

De même que Mgr Báez avait joué un rôle de leadership dans la dénonciation du terrorisme d'État pratiqué par le gouvernement Ortega contre les retraités et les étudiants qui les appuyaient en 2013, il a joué un rôle de leadership encore plus marquant dans la dénonciation du terrorisme d'État pratiqué par Ortega en avril 2018.

« Sa popularité grandissait jusqu'à ce que, lors des dernières manifestations, il en devienne le principal leader, commente José Manuel Vidal. D'abord, pour encourager ses compatriotes à parler librement. Ensuite, pour leur demander de ne pas entrer dans la dynamique perverse de la violence et de la mort du régime Ortega, même après l'effusion de sang de jeunes étudiants innocents, dont le seul crime était d'exiger démocratie et liberté.

« Le président Ortega est conscient du leadership de Báez et le garde à l'œil. Ce dernier subit des attaques provenant du gouvernement et orchestrées par des journalistes pro-gouvernementaux, des médias officiels et des comptes anonymes sur les réseaux sociaux, tels que Facebook et Twitter, où Mgr Baez est très actif depuis des années. (...)

« Le gouvernement Ortega répète et copie contre Mgr Báez, poursuit Vidal, les techniques utilisées par l'extrême droite salvadorienne contre le futur nouveau saint, Mgr Romero, qui a abouti à son

---

[13] « #OcupaInss, un precedente de Terrorismo de Estado, », *Confidencial*, le 22 juin 2018, consulté le 5 août 2018.

assassinat. En fait, ils accusent Mgr Báez d'être 'le chef de la subversion' et il a déjà reçu plusieurs menaces de mort. »[14]

Si Lemoine avait pris la peine de s'informer davantage par rapport à la situation concrète au Nicaragua, au lieu de tout voir à travers le prisme - montée de la droite en Amérique latine que cherchent à appuyer et à instrumentaliser les États-Unis - il aurait reconnu que les leaders de l'Église catholique au Nicaragua ont joué un rôle prophétique et courageux lors de la crise d'avril 2018, démontrant une grande compassion envers le peuple et ses revendications. Et que c'est à cause de cette compassion et solidarité qu'ils jouissent d'une très grande crédibilité dans la population, contrairement à celle du gouvernement Ortega qui, comme l'économie, chute de jour en jour.

Et s'il avait pris la peine de s'informer davantage par rapport à l'histoire récente du Nicaragua, il aurait appris que Daniel Ortega utilise systématiquement, et ce depuis fort longtemps, des campagnes de salissage pour écraser tous ceux et celles qui dénoncent ses travers et s'opposent à lui. En voici un exemple, parmi tant d'autres.

En 1998, à l'âge de 30 ans, Zoilamérica, fille de Rosario Murillo, étonne le Nicaragua : elle déclare que Daniel Ortega l'a abusée sexuellement depuis l'âge de 11 ans et publie un dossier choc de 48 pages contenant les détails de ces abus. Peu de temps après, l'ex-président de droite Arnoldo Alemán est accusé d'avoir empoché une partie substantielle de l'aide internationale que reçoit le Nicaragua suite à l'ouragan Mitch. Dans les mois qui suivent, Ortega arrive à conclure avec son théoriquement-grand-ennemi politique un pacte qui, en leur assurant à tous les deux un siège à l'Assemblée

---

[14] José Manuel Vidal, "Silvio Báez, el obispo que hizo frente al 'comandante' Ortega," *Religión Digital*, le 5 mai 2018, consulté le 20 mai 2018.

nationale pour les deux prochains mandats, leur confère des années d'immunité parlementaire. Alemán échappe ainsi à 20 ans de prison, et Ortega aux poursuites judiciaires de Zoilamérica.

Lorsque le mouvement des femmes, dont l'autonomie au Nicaragua est particulièrement forte, dénonce publiquement et de façon répétée, sous le leadership de Sofia Montenegro, le pacte Ortega-Alemán et l'impunité ainsi obtenue par Ortega dans l'affaire Zoilamérica, celui-ci lance une campagne de salissage contre Montenegro. Pendant des mois, le site Web du bureau du président Ortega porte sur sa page d'accueil le titre 'Un agent nommé Montenegro' dont l'hyperlien renvoie à un article paru dans la revue personnelle de Rosario Murillo, article qui affirme que Sofía Montenegro est une agente de la CIA. Et en octobre 2008, une équipe de procureurs, appuyée par 40 agents de police, perquisitionne le bureau du Centre d'investigation de la communication (Cinco), que dirigent Sofia Montenegro et Carlos Fernando Chamorro, saisissent les dossiers, les ordinateurs et les livres qui s'y trouvent, alléguant chercher des preuves de fraude et de blanchiment d'argent. L'accusation précise contre Cinco : allouer de l'argent à un groupe de femmes qui n'a pas de statut juridique.[15]

Autre exemple. Affaibli par la grande compassion et solidarité exprimées par les leaders de l'Église catholique envers la population lors de la crise d'avril 2018, et en particulier par le leadership de Mgr Báez, Ortega a immédiatement recours à ses vieilles et bien connues tactiques de salissage. Accusé d'être un meurtrier responsable de centaines de morts et de milliers de blessés, Ortega réagit

---

[15] Claudia Korol, « No a la injerencia extranjera. Solo el pueblo salva al pueblo », *Marcha*, le 26 décembre 2018. Voir aussi Tina Rosenberg, « The Many Stories of Carlos Fernando Chamorro » (Les nombreuses histoires de Carlos Fernando Chamorro), *The New York Times Magazine,* le 20 mars 2009. Consulté le 20 août 2018.

en accusant l'Église catholique de porter la responsabilité de
ces évènements tragiques en se montrant complice des
manifestations massives qu'il décrit comme « tentative
sanglante de coup d'État ». L'enregistrement des paroles de
Mgr Báez fait partie d'une campagne médiatique
gouvernementale de salissage bien orchestrée.

Au lendemain de la publication de l'enregistrement audio de
Mgr Báez auquel se réfère Lemoine, le *Canal 4*, propriété de
la famille Ortega, fait un reportage de dix-sept minutes
« Silvio Báez en planes golpistas, criminales y conspirativos
contra el pueblo de Nicaragua » (Silvio Báez et ses plans
putschistes, criminels et conspiratifs contre le peuple du
Nicaragua). Le reportage débute ainsi :

> « Silvio Báez a confirmé sa participation active
> dans les activités terroristes et le coup d'État contre
> le peuple du Nicaragua. Des gens en faveur de
> l'avortement et des narcotrafiquants font partie des
> forces qu'il réunissait pour atteindre son objectif.
> La Communauté chrétienne Saint Paul Apôtre a
> rendu public l'enregistrement audio[16] dans lequel
> Silvio Báez confesse ses crimes. »

Lemoine ne mentionne pas le fait que Mgr Báez affirme que
l'enregistrement audio avait été manipulé, et que suite à sa
publication il a reçu « de nombreuses menaces, mêmes de
mort, et que des paramilitaires se promenaient en moto autour
de sa maison la nuit. »[17] Il se contente de citer Jésus en
comparant Mgr Báez et les leaders de l'Église catholique
nicaraguayenne à ses « scribes et pharisiens hypocrites » qui

---

[16] Voici le lien de cet enregistrement : Audio conspirativo del obispo
Silvio Baez, presentado esta mañana por la Comunidad Cristiana
(Enregistrement audio conspiratif de l'évêque Báez présenté ce matin par
la Communauté chrétienne), consulté le 25 octobre 2018.
[17] Monseñor Silvio Báez dice que audio que lo señala como terrorista es
manipulado, vidéo de *Canal 10*, mise en ligne le 25 octobre 2018,
consulté le 8 novembre 2018.

à l'extérieur ont une belle apparence, mais à l'intérieur sont remplis « d'ossements et de toutes sortes de choses impures ».

Une connaissance plus approfondie du Nicaragua lui permettrait de comprendre que cette citation des propos de Jésus s'appliquerait plutôt au comportement du couple Ortega-Murillo depuis le déclenchement de la crise, et en particulier à celui de Rosario Murillo, qui, dans ses discours quotidiens télédiffusés à la nation, reflète un fanatisme religieux où l'amour chrétien pour le prochain fait bon ménage avec le dénigrement systématique des manifestants, dépeints comme putschistes, terroristes, et forces du mal.

Répression des médias indépendants

Lemoine mentionne la perquisition réalisée par la police le 14 décembre 2018 des « locaux du média en ligne *Confidencial*, dirigé par le fils de l'ancienne présidente, Carlos Fernando Chamorro », mais il ne s'en indigne aucunement. Bien au contraire, il semble considérer cette perquisition tout à fait normale et qualifie Carlos de « principal porte-parole de la droite ». Ce journaliste indépendant, poursuit-il, qui « bénéficie de la générosité désintéressée de la NED depuis des années », est « modeste » propriétaire de « *La Prensa, Hoy, Confidencial, Esta Noche, Esta Semana* (entreprises où jamais l'existence d'un syndicat n'a été autorisée) –, du Centre d'investigation de la communication (Cinco) et de la Fondation Violeta Barrios de Chamorro ».

Lemoine ne s'en fait pas non plus au sujet de la fermeture par la police, quelques jours après la perquisition des bureaux de Chamorro, du canal *100 % Noticias* et de l'emprisonnement de son propriétaire, Miguel Mora, et sa directrice de la rédaction, Lucia Pineda. Il semble trouver normal que ceux-ci soient « inculpés pour 'provocation, incitation et conspiration à commettre des actes terroristes' ».

Nicaragua selon Maurice Lemoine : gauche ou
fondamentalisme?

Voyons comment Lemoine, ici encore, passe le test du
principe journalistique qui lui est si cher -- savoir être précis,
savoir nuancer, et surtout savoir contextualiser.

Commençons par la fermeture par le gouvernent Ortega de
100 % Noticias et l'emprisonnement de Mora. Qui est ce
journaliste, emprisonné pour 'conspiration' et 'terrorisme'?

Pendant des années, le régime Ortega percevait *100 %
Noticias* comme un canal de télévision quasi gouvernemental,
bien qu'il soit privé. Pourquoi? Parce que Miguel Mora, son
directeur, était un militant du parti et faisait la promotion de
l'agenda du FSLN sur son canal. Même si ce canal, dans le
désir de faire du journalisme professionnel, offrait une
programmation diversifiée et présentait parfois des critiques
du gouvernement, le couple Ortega-Murillo le considérait
comme l'un des siens. Le basculement spectaculaire de la
programmation de *100 % Noticias* n'a eu lieu « qu'au début
du soulèvement populaire massif d'avril », commente
Guillemo Cortés Dominguez. Plus précisément suite « à
l'assaut d'une équipe de ses journalistes et le vol d'une
caméra de télévision de grande valeur », et l'ordre reçu du
gouvernement « de ne plus faire de reportage sur la révolte
populaire », puis la censure gouvernementale qui l'a frappé
temporairement lorsqu'il a refusé cet ordre. C'est alors que
Mora a transformé la programmation de ce canal qui est
devenu de plus en plus la voix de ceux et celles qui se
mobilisaient massivement contre le gouvernement.[18]

Lemoine omet de mentionner cette information 'contextuelle'
et il passe aussi sous silence le fait, qui ajouterait
énormément à la qualité et précision de son analyse, que
Mora et Pineda, comme les quelques 600 autres prisonniers
politiques, subissent présentement des procès bidon qui ne

---

¹⁸ 100 Noticias: una piedra en el zapato de la dictadura, *Confidencial*, le
24 décembre 2018, consulté le 5 janvier 2019.

respectent aucunement les critères les plus élémentaires de la règle de droit.[19]

On peut donc conclure que Lemoine passe mal le test de son propre principe journalistique dans le cas de 100% Noticias.

Qu'en est-il pas rapport à son affirmation selon laquelle Carlos Fernando Chamorro serait le « principal porte-parole de la droite » au Nicaragua et qu'il ne faut donc pas s'étonner outre mesure de la répression qui le frappe?

Qui au juste est Carlos Chamorro?

Avant de répondre à cette question, je tiens d'abord à préciser que, contrairement à ce qu'affirme Lemoine, Carlos Chamorro, à ma connaissance, n'est aucunement propriétaire de *La Prensa, Hoy*, et de la Fondation Violeta Barrios de Chamorro.

J'ai fait la connaissance de Carlos en 1976, alors que je préparais ma maîtrise en économie à l'Université McGill et qu'il préparait son baccalauréat dans cette même matière. À Noël 1977, Carlos, fils de Pedro Joaquín Chamorro et Violeta Chamorro, retourne au Nicaragua pour le congé de mi-session. Le 10 janvier 1978, son père, propriétaire et rédacteur en chef de *La Prensa*, un quotidien très critique de

---

[19] Dans son rapport, le GIEI affirme, à la page 230 : « Des centaines de personnes ayant participé à la manifestation ou considérées comme de l'opposition sont en train d'être soumis à une procédure pénale. Selon le président de la Cour suprême de justice, à la fin du mois de novembre, il y avait 546 personnes accusées (…). Selon les informations disponibles, (…) ces poursuites pénales sont entachées de graves violations des garanties d'une procédure régulière, incluant des arrestations et des perquisitions sans mandat en dehors des cas prévus par la loi, le non-respect du délai de 48 heures au maximum prévu dans la constitution pour être présenté à un juge, l'utilisation automatique et non fondé de l'emprisonnement préventif, la formulation d'accusations indéterminées, (…) une évaluation déraisonnable de la preuve, l'omission de d'hypothèses favorables à la défense découlant de la preuve présentée, (…). »

la dictature Somoza, est assassiné par le dictateur. Cet événement déclenche, lors du service funèbre historique, une protestation massive contre Somoza qui accentue et accélère le soulèvement armé contre Somoza. Carlos décide d'abandonner ses études à McGill, et reste dans son pays pour se joindre à la lutte contre Somoza jusqu'au renversement de ce dernier le 19 juillet 1979.

Le gouvernement sandiniste fonde rapidement un journal, *Barricada*, qui agira comme porte-parole de la révolution, et c'est Carlos qui en assume la direction, poste qu'il occupera jusqu'au début des années quatre-vingt-dix.

Ce n'est qu'en 1994 que Carlos est congédié de son poste comme directeur de *Barricada*. La raison du congédiement? Bien que le FSLN ait accepté, suite à sa défaite électorale en 1989, que *Barricada* rompe ses liens avec le FSLN, Daniel Ortega change d'idée lorsqu'il est lui-même objet d'une critique dans le journal. Il convoque Carlos et exige que *Barricada* cesse toute critique à son égard. Lorsque Carlos refuse, Ortega le congédie sur le champ.[20]

Le départ de Carlos provoque une crise dans le journal et plus de 80% des journalistes de *Barricada* démissionnent. Réorganisé sous la direction de Tomás Borge, *Barricada* fait faillite quatre ans plus tard.

Carlos provient d'une famille dont la majorité des membres, durant la révolution sandiniste, a appuyé la droite et même la Contra. Profondément impliqué dans le gouvernement révolutionnaire comme directeur de *Barricada*, il était donc le mouton noir de cette famille. Alors que *La Prensa*, dans

---

[20] C'est lors d'une conférence donnée aux étudiants et étudiantes du programme, les Études Nord-Sud du Collège Dawson, en janvier 2006 que Carlos Chamorro nous a expliqué les circonstances de son congédiement de *Barricada*. Pour plus d'information voir le livre Beyond the Barricades, (Ohio University Press, 2002) dans lequel Adam Jones raconte l'histoire de *Barricada*.

laquelle sa mère, Violeta, et sa sœur, Christina, étaient impliquées, appuyait la Contra, Carlos dirigeait le journal qui appuyait la révolution. Et comme cette division n'était pas seulement au niveau des idées, mais aboutissait quasi quotidiennement à de nombreux morts - la guerre déclenchée par la Contra a fait, dans les années 80, environ 40 000 morts -, il va sans dire que Carlos a vécu plusieurs années de souffrances familiales fort pénibles.

La surprenante et douloureuse défaite électorale du FSLN en 1989 a obligé le parti à entamer une profonde réflexion sur son orientation future. La plupart des leaders historiques du FSLN argumentaient que le parti, qui avait toujours fonctionné de manière caudillo et autoritaire, chose qui pouvait se comprendre dans le contexte d'une révolution armée, et ensuite d'une guerre initiée par la Contra, devait se démocratiser. Daniel Ortega, directeur du parti, n'était pas d'accord et a emporté le débat.

C'est ainsi que la plupart des leaders historique du FSLN, par exemple Sergio Ramírez et Ernesto Cardenal, finirent par quitter le parti et décidèrent de fonder un nouveau parti, le Mouvement de rénovation sandiniste (MRS), présentement dirigée par Dora María Téllez.[21]

Carlos Chamorro, plus proche du MRS que du FSLN, décide de poursuivre son travail comme journaliste professionnel. En 1996 il fonde la revue digitale *Confidencial*, et commence, peu après, à animer deux émissions de télévision, *Esta Noche*, diffusée du lundi au vendredi, et *Esta Semana*, diffusée le dimanche soir. Ces émissions en feront assez rapidement un des journalistes les plus célèbres et respectés du Nicaragua.

---

[21] Le 7 janvier 2019 quatre patrouilles de police font une descente dans la maison de Dora María Téllez. Comme Ernesto Cardenal et Sergio Ramirez, Dora est une ex-leader historique de la révolution sandiniste. C'est sous son leadership que s'est libéré León, la première ville à se libérer de Somoza en 1979.

Nicaragua selon Maurice Lemoine : gauche ou fondamentalisme?

Dans ses reportages, Carlos dénonce régulièrement, comme doit le faire tout bon journaliste, les travers du gouvernement. Lorsqu'Ortega, revenu au pouvoir en 2007, subit les critiques de Chamorro pour fraude électorale et corruption, Ortega, frappé là où le bât blesse, réagit souvent en lançant une campagne de salissage contre le messager.

C'est ce qui arrive en 2007 lorsque *Esta Semana* reproduit un segment de bande sonore dans lequel on entend un homme d'affaires se faire offrir un pot-de-vin de 4 millions de dollars dans une affaire concernant un conflit foncier avec des coopératives paysannes. La personne qui offre ce pot-de-vin : nul autre qu'un confident d'Ortega.

Dans les jours qui suivent, la chaîne de télévision gouvernementale accuse l'homme d'affaires, ses associés et Chamorro de trafic de drogue. La photo de Chamorro apparait à la télévision de l'État, et en dessous de la photo, le message : 'Recherchés. Crimes : vol de terres, escroquerie dans une affaire de coopératives, tentative de pots-de-vin et d'exportation illégale, falsification de documents'.[22]

Au cours du soulèvement populaire d'avril 2018, Carlos cherche, comme *100% Noticias* et les autres médias indépendants, à couvrir les évènements. Et les lecteurs et lectrices de *Confidencial* augmentent rapidement ainsi que l'audience de *Esta Noche* et *Esta Semana*, alors que la majorité des chaines de télévision, propriété de la famille Ortega, perdent à la fois audience et crédibilité.[23]

À la mi-octobre 2018, Mikel Espinoza, rédacteur en chef du journal numérique du gouvernement *El 19 Digital*, en a ras-

---

[22] Tina Rosenberg, « The Many Stories of Carlos Fernando Chamorro » (Les nombreuses histoires de Carlos Fernando Chamorro), *The New York Times Magazine*, le 20 mars 2009, consulté le 20 août 2018.
[23] Voir Mildred Largaespada – « Nicaragua: La batalla por la opinión pública » (Nicaragua: la bataille pour l'opinion publique), *Confidencial*, le 3 août 2018, consulté le même jour.

le-bol et quitte sa fonction, se réfugiant au Costa Rica. Pour lui, la goutte qui a fait déborder le vase, c'est la mort tragique d'une famille au complet, dont deux enfants, dans un incendie provoqué par les forces paramilitaires pro-Ortega. Mikel fait partie d'une cinquantaine de journalistes qui se sont vu obligé de quitter le Nicaragua. Interviewé par Patricia Martínez au Costa Rica, il affirme avoir reçu l'ordre, au début du soulèvement d'avril 2018, de ne pas rapporter les évènements :

> « Tout ce qu'on nous demandait de rapporter, c'était les communiqués de la police nationale et ce que disait Rosario Murillo ». « La droite pour Daniel Ortega, affirme-t-il, c'est tout ce qui s'oppose au gouvernement. (…) Tous ceux qui s'opposent à Daniel Ortega font partie de la droite, de l'oligarchie : ils sont putschistes et terroristes ».[24]

Que dans ce contexte, le gouvernement Ortega cherche à éliminer le message en réprimant le messager, comme le faisait Somoza dans les années 70, est fort troublant. Aussi et tout aussi troublante, cependant, est l'attitude d'une personne de gauche comme Maurice Lemoine qui, au lieu de condamner cette répression, la trouve normale.

Le jour où j'ai appris que les bureaux où Carlos Chamorro produit *Confidencial, Esta Noche* et *Esta Semana* avaient été perquisitionnés, et que les ordinateurs et disques durs qui s'y trouvaient avaient été saisis, j'étais en état de choc. Et lorsque, quelques jours plus tard, j'ai appris que Carlos avait dû se réfugier, avec sa conjointe, au Costa Rica, parce qu'il recevait des menaces et craignait pour sa vie, j'ai éprouvé une

---

[24] Patricia Martínez, <u>La orden de no informar</u>, *Confidencial*, le 23 octobre 2018, consulté le 30 octobre 2018.

grande tristesse.[25] Similaire à celle que j'éprouvais, en janvier
1978, lorsque j'apprenais que Somoza venait de réduire au
silence, par l'assassinat, le plus célèbre journaliste
nicaraguayen qui le critiquait, le père de Carlos, Pedro
Joaquín Chamorro.

Dimanche 27 janvier 2019, et ce pour la toute première fois
en 20 ans, les Nicaraguayens et Nicaraguayennes n'ont pas
pu visionner à 20h00 la très populaire émission télévisée de
nouvelles *Esta Semana*. Le canal 12, qui la diffuse ces
dernières années, est maintenant dans le collimateur
d'Ortega.

Faut-il féliciter Maurice Lemoine de faire preuve de
précision, de nuance, et du sens du mot « *contextualiser* »
lorsqu'il qualifie Carlos Fernando Chamorro de « principal
porte-parole de la droite » ? Faut-il le féliciter d'avoir su ne
pas passer sous silence la partie de la réalité qui ne va pas
dans le sens de ses dogmes et de ses choix ?

Réunion de l'OEA sur le Nicaragua et l'Affaire Solis

Se réjouissant du fait que le gouvernement Ortega, dans ses «
aspirations à la justice sociale et au respect de la démocratie
», rejette « la parodie imposée par des 'progressistes'
accréditant les thèses de Donald Trump, de l'OEA, des
présidents brésilien et colombien d'extrême droite Jair
Bolsonaro et Iván Duque, de l'Union européenne et des
médias dominants », Lemoine s'en prend à la réunion
spéciale convoquée par l'OEA le 11 janvier 2019 pour
discuter du Nicaragua :

> « Le 11 janvier, au terme d'une 'session
> extraordinaire' qu'avait convoquée Almagro,
> l'OEA a activé la Charte démocratique contre le
> Nicaragua. Aucun vote n'a entériné cette décision,

---

[25] Carlos Chamorro, Periodismo independiente desde el exilio,
Confidencial, le 20 janvier 2019, consulté le même jour.

aucune date n'a été annoncée pour une réunion de
l'Assemblée générale au cours de laquelle
devraient être rassemblé un vote favorable de 24
des 34 pays – chiffre qui n'a jamais pu être atteint
pour le Venezuela. Dans ce pays, suivant à la lettre
le scénario écrit par l'axe Trump-Almagro-Duque-
Bolsonaro, le nouveau président de l'Assemblée
nationale, Juan Guaidó (Volonté populaire), a
demandé le 11 janvier « l'appui des citoyens, des
militaires et de la communauté internationale »
pour assumer lui-même la fonction de chef de
l'État 'usurpée' par Nicolas Maduro. D'ores et
déjà, Almagro l'a reconnu en tant que 'président
intérimaire' du Venezuela. »

De toute évidence, Lemoine voit un parallèle entre la crise
nicaraguayenne d'avril 2018 et les évènements récents qui
secouent le Venezuela. Ici et là la droite continentale
s'affirme et est étroitement appuyée, selon lui, par les États-
Unis. Ici et là le gouvernement aspire à la justice sociale et le
respect de la démocratie, et rejette « la parodie imposée par
des 'progressistes' accréditant les thèses de Donald Trump,
de l'OEA, des présidents brésilien et colombien d'extrême
droite Jair Bolsonaro et Iván Duque, de l'Union européenne
et des médias dominants »

Comme je l'ai noté au tout début de cet article, je m'en
tiendrai, dans ma critique de Lemoine, aux propos qu'il tient
par rapport au Nicaragua, un pays que je fréquente depuis de
nombreuses années et que je connais en profondeur.
Connaissant peu au sujet du Venezuela, sauf ce que tout un
chacun peut apprendre en lisant les journaux, je m'abstiendrai
de porter un jugement au sujet de l'analyse qu'il fait de ce
pays.

À la fin de l'article de Lemoine que je commente, celui-ci
reproduit une entrevue qu'il a réalisée le 8 janvier 2019 avec
le ministre des Affaires étrangères nicaraguayen Denis

Moncada Colindres. Moncada y affirme que Luis Almagro, secrétaire général de l'OEA, n'est « qu'un agent des États-Unis, de l'Empire américain » et qu'il a comme seul objectif de « suivre les ordres des États-Unis, qui, voyant sans plaisir le président Ortega gouverner en faveur de la grande majorité », cherche à « déstabiliser le pays et changer le gouvernement par des voies illégales ».

Le 11 janvier 2019, lors de la session spéciale de l'OEA sur le Nicaragua, Moncada prononce un discours de 40 minutes dans lequel il argumente bec et ongles que son pays a été victime d'une tentative de coup d'État, mais passe complètement sous silence un fait, tout récent, qui représente un véritable tremblement de terre pour le couple Ortega-Murillo : la démission étonnante d'un des plus proches et plus fidèles alliés du couple au pouvoir, Rafael Solis.

Solis a joué un rôle clé pour le couple, et ce depuis plusieurs années. C'est lui qui en 1999 aide Ortega à concocter un pacte avec l'ex-président, Arnoldo Alemán, qui offre trois avantages. Premièrement, comme mentionné plus haut, il permet aux deux d'échapper à des poursuites pénales, Ortega pour avoir abusé sexuellement de Zoilamérica, et Alemán pour avoir empoché une partie substantielle de l'aide internationale suite à l'ouragan Mitch. Deuxièmement, le pacte confère à Ortega une influence considérable sur la Cour suprême et le Conseil électoral suprême, ce qui lui sera fort utile à l'avenir : il pourra utiliser des juges pour persécuter ses opposants politiques et le Conseil électoral suprême pour rester au pouvoir en commettant impunément une fraude électorale massive. Troisièmement, il confère à Ortega un très important avantage électoral : il ramène à 35% du vote populaire le pourcentage nécessaire pour remporter la présidence au premier tour (contre 45% auparavant). Ortega savait, grâce aux nombreux sondages depuis des années, que le FSLN ne pouvait qu'obtenir environ 35% du vote populaire. En concluant un pacte avec un homme comme

Alemán, dont la grande corruption avait provoqué une scission au sein du parti libéral, Ortega non seulement réduisait considérablement le pourcentage nécessaire pour que le FSLN remporte une élection, mais il accentuait aussi le conflit déjà présent au sein du parti libéral, diminuant ainsi les chances de ce parti, son principal opposant, de remporter les élections. D'une pierre deux coups !

C'est encore Solis qui, en 2005, est garçon d'honneur au mariage Ortega-Murillo et, en 2016, manigance les choses afin qu'Ortega puisse se représenter aux élections, même si la constitution ne le permet pas.

Le 8 janvier 2019, jour même où Moncada accordait une entrevue à Lemoine, Solis se rend au Costa Rica d'où il rédige une longue lettre annonçant sa démission, à la fois de la Cours suprême du Nicaragua et du FSLN dans lequel il milite depuis 43 ans. Les raisons qu'il donne pour expliquer son geste sont cinglantes : le récit d'Ortega-Murillo selon lequel le soulèvement populaire d'avril 2018 reflète une tentative de coup d'État, orchestrée et financée par la droite nicaraguayenne avec l'appui financier et médiatique des États-Unis, est faux. Ce couple porte la responsabilité de la plupart des morts, blessés et prisonniers politique, et de la chute libre dans laquelle se trouve présentement l'économie nicaraguayenne. Il se comporte comme une monarchie absolue, contrôlant toutes les institutions de l'État, incluant le pouvoir judiciaire et même la Cours suprême de justice. En s'obstinant pour rester au pouvoir par la répression, en réduisant les médias indépendants au silence et en refusant le Dialogue National sous la médiation de l'Église catholique appuyé par la grande majorité des Nicaraguayens, il sème les graines d'une possible guerre civile.[26]

---

[26] Yader Luna, Rafael Solís: primera fractura en el orteguismo, *Confidencial*, le 12 janvier 2019, consulté le même jour.

Nicaragua selon Maurice Lemoine : gauche ou fondamentalisme?

Si on peut comprendre, sans nécessairement excuser, le fait que Denis Moncada ait passé sous silence dans son discours à l'OEA un événement choc aussi important que l'Affaire Solis, on peut difficilement comprendre le silence de Lemoine par rapport à cet événement on ne peut plus capital, et qui remet en question sa thèse principale par rapport au Nicaragua.

****

Le chauffeur de taxi, qui me conduisait de l'Hostal Santa Maria au Bufé Laprado à Managua le 31 janvier 2017, offre une autre perspective que celle de Moncada et Lemoine pour interpréter le soulèvement populaire qui allait se produire quelques mois plus tard, en avril 2018. Contrairement à Lemoine, il n'admire pas les « aspirations à la justice sociale et au respect de la démocratie » du gouvernement Ortega. Et contrairement à Moncada et Lemoine, il ne voit pas les États-Unis comme le cœur du problème, supposément parce qu'ils voient « sans plaisir » Ortega « gouverner en faveur de la grande majorité ».

> « Je me suis battu avec les sandinistes pour renverser Somoza, m'a expliqué le chauffeur de taxi. Pourquoi nous sommes-nous battus ? Parce que Somoza utilisait la fraude pour gagner des élections. Parce qu'il possédait une partie considérable des terres et de nombreuses grandes entreprises au Nicaragua. Parce qu'il contrôlait la garde nationale et se situait au-dessus de toutes les lois. Parce qu'il utilisait la force pour écraser toute opposition.

> « Et qu'avons-nous présentement ? Le leader avec lequel nous nous sommes battus pour libérer le Nicaragua de la dictature de Somoza – une guerre qui a fait quelque 40 000 morts – fait maintenant la même chose que Somoza. Il utilise de la fraude

massive pour gagner les élections. Il est propriétaire de nombreuses grandes entreprises au Nicaragua, notamment de la plupart des stations de télévision et de radio. Il contrôle la Cour suprême et le Conseil électoral suprême. Il utilise la force pour écraser toute opposition. Si un ami de Daniel Ortega décide qu'il veut ta maison, tu vas avoir des problèmes. Il y a peu de choses que tu peux faire pour empêcher ça. Ce n'est pas la règle de droit dans le Nicaragua actuel.

« Je n'ai pas voté lors de la récente élection, poursuit-il. Je serais prêt à aller à la guerre une fois de plus pour me débarrasser de cette dictature. »

Conclusion : une gauche à réinventer

Je crois que l'analyse que Maurice Lemoine fait de la situation au Nicaragua reflète une forme d'arrogance et complexe de supériorité intellectuelle. Comme je l'ai mentionné au début de cet article, ce qui me trouble et me révolte chez lui ce ne sont pas les faits et évènements qu'il rapporte, mais plutôt ceux qu'il omet. Aussi et surtout, c'est le MÉPRIS dont il témoigne par rapport à l'immense souffrance d'un peuple dont la grande majorité est aujourd'hui plongée dans le deuil, la souffrance, l'insécurité économique et la peur.

Lemoine établit, dans son article, un parallèle entre ce qui se passe au Nicaragua depuis avril 2018 et la crise qui secoue présentement le Venezuela, pays qui fait la une ces dernières semaines. Comme mentionné plus haut, je connais peu de ce dernier pays, et je m'abstiendrai donc de porter un jugement au sujet de l'analyse qu'il en fait. Cependant, je souhaite de tout cœur que sa connaissance concrète du Venezuela et des racines de sa crise dépasse celle qu'il démontre par rapport au Nicaragua.

Comme le commente Ángel Sadomando dans l'édition chilienne du Monde Diplomatique de juillet 2018, la gauche, dans son analyse de la situation nicaraguayenne, doit faire attention que ses idées et convictions, au lieu de favoriser la compréhension, n'agissent pas plutôt comme un obstacle à celle-ci, devenant comme une paire de lunettes qui lui permet

de ne voir que certains faits, et non plusieurs autres, même
fondamentaux :

> « Le Nicaragua, au milieu de son drame, rouvre un
> débat sur ce qui est acceptable et ce qui ne l'est
> pas, quels arguments expliquent ce qui se passe et
> si cela justifie ceci ou cela. Chacun, bien sûr, filtre
> en fonction de ses inclinations, mais ce qui est
> difficile à comprendre, c'est que des personnes qui
> prétendent être informées puissent ignorer des faits
> fondamentaux. Chaque fois qu'il y a des signes de
> fièvre, ces personnes, au lieu de reconnaître la
> fièvre, cassent le thermomètre.

> « La subordination à un ensemble d'affirmations,
> dogmatiques et religieuses, génère une
> contradiction insurmontable entre les propriétaires
> de la vérité et les autres, poursuit Sadomando. Cela
> permet de justifier toutes sortes de pratiques, et
> ouvre la porte grande ouverte à toutes sortes
> d'aberrations. L'histoire regorge de telles
> situations, et les rangs des justificateurs de la
> réalité ont été bien nourris. C'est toujours 'l'autre'
> qui apparaît comme le menteur. C'est ainsi qu'on
> en arriva à défendre les camps de concentration, la
> répression des masses et les régimes despotiques.
> Quel que soit leur drapeau, il suffisait qu'ils soient
> de notre côté pour leur donner l'absolution
> idéologique et la justification correspondante. »[27]

Lorsque j'ai rédigé mon livre récent *Racines de la crise :
Nicaragua 2018*, une source que j'ai trouvée m'a
profondément ému et secoué. Son auteur, un jeune
Nicaraguayen manifestant, n'a pas osé donner son nom, se

---

[27] "Nicaragua: otra vez poder y sangre," Ángel Saldomando, Le Monde
diplomatique, édition chilienne, juillet 2018, consulté le 2 août 2018.

contentant de signer Juanónimo. Aujourd'hui il est peut-être mort, blessé, ou réfugié au Costa Rica.

Comme ce témoignage reflète l'essentiel de ce qui m'a amené à rédiger cette critique de Maurice Lemoine, je le reproduis intégralement ci-dessous.

Témoignage très émotif d'un manifestant

« Laissons tomber préambules et introductions. Qui je suis, importe peu. Je suis un des nombreux à visage couvert.

« Je suis né au Nicaragua au milieu de la guerre et de la révolution des années 80. De ma mère, j'ai appris l'engagement solidaire et les valeurs du sandinisme. Et mon père... Il ne me reste qu'une photo de lui en costume de milicien, alors que tendre nouveau-né, il me portait dans ses bras.

« Je suis l'une des nombreuses personnes qui ont dû porter un masque lorsque le gouvernement a retiré le sien, déclare Juanónimo.

« Ce qui me pousse aujourd'hui – ou plutôt m'oblige – à écrire ces lignes, c'est un sentiment d'*encachimbamiento* (de rage), comme on dit ici, et qui vient du plus profond de mon être et est très largement partagé au Nicaragua.

« Pour mieux se comprendre, je vais d'abord vous dire que le Nicaraguayen de nature est affable et expressif, bien qu'il soit généralement assez sobre dans ses expressions de colère ; comme si manifester publiquement sa colère (ou 'péter sa coche' comme on dit souvent ici) était un signe de faiblesse.

« Nous avons une gamme d'émotions plus étendue que la normale. Alors qu'ailleurs dans le monde, on dit que quelqu'un est en colère, ici on dit qu'il est 'très contrarié', et dans cette échelle particulière, le degré supérieur de la colère a un nom propre et authentique. Il s'agit de *l'encachimbamiento*. Le dictateur Somoza a eu l'occasion de ressentir dans sa propre chair l'ampleur de ce phénomène et, avec de nombreuses similitudes, 40 ans plus tard, la dictature bicéphale Ortega-Murillo en fait également l'expérience, commente Juanónimo.

« L'*encachimbamiento* n'est pas une simple montée de sucre ou une attaque de colère, c'est un processus chimico-social encore mal connu des politologues, et dont l'évolution est progressive. C'est comme un état de fermentation interne, fruit de revers multiples et répétés, de blessures, frustrations et humiliations profondément réprimées, dont la lente macération finit par réduire soudainement le niveau de peur et provoque des vapeurs extrêmement inflammables.

« Cet *encachimbamiento* est précisément ce qui, de toute évidence, a déclenché la situation dans laquelle le Nicaragua est plongé depuis le 19 avril, insiste Juanónimo.

« Mais à la suite de cette révolte populaire, a surgi en moi, comme chez de mes nombreux compañeros et compañeras, une autre colère. Je pourrais même dire que nous sommes très en colère avec cette gauche bien-pensante internationale. Au point qu'elle fait monter en nous l'*encachimbamiento*.

« Nous sommes enragés par cette gauche jurassique qui, avec ses doutes, ses appréhensions et ses silences, est complice de la répression sanglante exercée contre un véritable mouvement d'insurrection civique. Une gauche qui, en passant, est en voie de perdre irrémédiablement le train de l'histoire, bien que cela ne constituerait qu'un moindre mal... Parce que tandis que les ténors de la gauche passent leur temps à débattre et à philosopher dans leurs forums et *think-tanks* sur les 'coups en douceur', les 'révolutions de couleurs' et les thèses impérialistes de Gene Sharp, les voyous du régime Ortega-Murillo, enhardis et confirmés dans leur guerre sainte 'révolutionnaire', se lancent fièrement dans une chasse à l'homme, poursuivant, kidnappant ou tuant (bien sûr, des personnes, de préférence, non armées) ceux et celles qui s'opposent au gouvernement, qualifiés de 'vandales, criminels et terroristes'.

« Qu'elles sont merveilleuses ces grandes réflexions idéologiques pour transformer une révolte sociale légitime en simple tentative de coup d'État de la CIA ! Et comme elles sont utiles à Ortega et Murillo pour leur permettre de défendre leurs entreprises et justifier leurs méfaits, tout en se présentant comme d'irréprochables révolutionnaires, harcelés par une horde de jeunes de la droite 'financés par l'impérialisme'... Et cela juste pour essayer de faire ce qu'eux-mêmes ont fait, il y a 40 ans à l'époque de la révolution, foutre dehors le dictateur ! Quelle ironie, s'indigne Juanónimo.

« Et quel mépris ! Est-ce à dire que les luttes des peuples, si elles ne sont pas encadrées dans un contexte stratégique approprié et n'éclatent pas au bon moment, celui décidé par la gauche bien-pensante, et si elles ne sont pas dirigées par elle... est-ce à dire qu'elles ne sont pas valables ? La lutte contre une dictature serait-elle bonne ou mauvaise selon que cette dictature est de droite ou se proclame de gauche ?

« Il faut croire que nous sommes jeunes, incultes, sans bases théoriques et sans expérience de vie, car

Nicaragua selon Maurice Lemoine : gauche ou fondamentalisme?

là où nous voyons une lutte contre l'autoritarisme et pour la démocratie, ils ne voient que des raisons d'État, des complots à grande échelle et des batailles stratégiques pour préserver une espace que la gauche ne peut pas perdre, affirme Juanónimo. Quelle malchance que notre lutte ressemble trop aux fameuses 'révolutions de couleurs' pour recevoir la bénédiction du Sanhédrin des révolutionnaires !

« Malgré cela, vous allez nous excusez, chers messieurs de la gauche (et je dis messieurs, car heureusement, il n'y a presque pas de femmes dans ce groupe) d'avoir l'audace de vous offrir ici quelques réflexions.

« En premier lieu, nous n'ignorons pas notre histoire. Une histoire marquée par le malheur d'être né dans l'arrière-cour d'un empire avec tout ce que cela implique, et aussi parce que le Nicaragua était le lieu désigné pour la construction d'un canal interocéanique qui, avant même d'exister, nous a occasionné une guerre civile ainsi que de nombreuses invasions de la marine Yankee. Le Nicaragua a toujours été au carrefour d'intérêts géopolitiques et stratégiques et pour que quelque chose change dans un tel pays, il ne suffit pas toujours que le peuple le décide... Il faut aussi demander une autorisation plus haut.

« Nous ne sommes pas naïfs. Nous savons que les gringos essaieront toujours d'interférer, de faire avorter tout processus de changement social authentique ou de récupérer tout véritable processus de changement social, peu importe qu'il ne soit qu'embryonnaire et graduel.

« Mais réagir à cette menace en qualifiant toute initiative populaire spontanée de coup d'État, et aller jusqu'à massacrer son propre peuple au nom de principes révolutionnaires, c'est non seulement immoral et inadmissible, mais aussi totalement contre-productif. Car dans une telle situation, les gringos peuvent jouent le beau rôle, apparaissant comme les seuls protecteurs de la démocratie et des droits de l'homme, tout en laissant à la gauche le pénible rôle de défendre des causes indéfendables, commente Juanónimo.

« Au nom de quels principes et de quelle éthique peut-on justifier qu'on punisse un peuple avec tant de cruauté et de perversité ? Parce que c'est bien de cela qu'il s'agit : une punition exemplaire pour les récidivistes ingrats, indisciplinés et capricieux qui ont provoqué une révolte dans la ferme qu'Ortega et Murillo contrôlent placidement.

« Comment est-ce possible de gouverner avec tant de haine ? Quel esprit tordu faut-il avoir pour ordonner que les portes des hôpitaux soient fermées aux jeunes ensanglantés ? Ou licencier des médecins simplement parce qu'ils ont pris soin de manifestants blessés ? Ou livrer des aliments empoisonnés aux manifestants qui surveillent des barricades ? Ou verser de l'acide sur le visage de manifestants ? Ou faire tuer les policiers qui n'acceptent pas de faire partie de ce massacre ? Ou payer 2 500 córdobas (environ 80 dollars US) supplémentaires aux employés de la mairie de Managua pour participer à une chasse à l'homme où il est permis de tuer et de voler ? Et une fois terminé leur travail de 'nettoyage' des barricades de rue, poursuivre la chasse à l'homme en menaçant, kidnappant, et torturant, s'exclame Juanónimo.

« Juste pour mentionner quelques faits absolument prouvés et irréfutables.

Nicaragua selon Maurice Lemoine : gauche ou fondamentalisme?

« Confondre cette dérive meurtrière et ce népotisme de république bananière avec un projet socialiste, sandiniste ou même minimalement de gauche ; défendre une telle affaire, ou encore faire semblant d'être neutre à son égard n'est pas seulement une erreur grossière, c'est une honte que l'histoire ne pardonnera jamais, affirme Juanónimo.

« C'est une chose de reconnaître qu'aujourd'hui, l'empire a peaufiné ses méthodes, utilisant des stratégies beaucoup plus difficiles à détecter, plus enracinées et conformes à l'ère de communication de masse dans laquelle nous vivons.

« C'en est toute une autre, cependant, d'appliquer mécaniquement cette analyse à toute situation de manifestation civile ou d'exonérer de sa responsabilité un régime simplement parce qu'il s'auto-déclare socialiste et révolutionnaire ; et de permettre que notre peuple, au nom de principes sacro-saints, subisse des abus et des horreurs que même Somoza n'a pas commis en si peu de temps.

« Ce serait un non-sens, une insulte à l'intelligence et, surtout, une attitude de profond mépris élitiste à l'égard de la lutte d'un peuple non armé (pour combien de temps... ?) qui, soumis à de nombreux abus autoritaires, perd soudain la peur et descend dans la rue, recouvrant sa mémoire et sa dignité.

« Un non-sens, d'abord, parce que le régime Ortega-Murillo, peu importe l'angle sous lequel on l'examine, n'est pas de gauche, nonobstant le verbiage pseudo-révolutionnaire sous lequel il tente de dissimuler son néolibéralisme. Ce gouvernement n'a de gauche que le sceau et l'en-tête ; il a vidé le parti sandiniste de toute substance, le transformant en outil électoral et répressif au service des intérêts politiques et économiques d'Ortega et Murillo.

« Que dirait Sandino, demande Juanónimo, qui a lancé sa lutte contre les sociétés minières installées au Nicaragua s'il savait que le gouvernement qui usurpe son nom a vendu la majeure partie du sous-sol du pays à de grandes multinationales extractives ? Sans parler de la vente de la concession pour la construction du canal interocéanique à une société chinoise douteuse, saisissant arbitrairement les terres des paysans sans même les consulter ou au moins tenter de les convaincre.

« Où sont les politiques de gauche d'un personnage capable de concocter n'importe quoi pour se perpétuer au pouvoir, lui, son épouse et ses nombreux enfants, chacun en charge d'entreprises, de commerces, de concessions, de chaînes de télévision, etc. ?

« Comment pouvez-vous continuer à voir dans la figure d'Ortega une référence de gauche après qu'il a été plus que prouvé qu'il a abusé sexuellement de sa belle-fille Zoilamérica pendant des années, alors qu'elle était mineure ?

« Est-ce une référence de la gauche, une personne capable de s'entendre avec l'Église catholique sur une loi médiévale qui criminalise l'avortement, même s'il est thérapeutique ?

« Mais même avec tant de clémence et tant de pactes, l'affaire tourne mal pour Ortega. Après s'être allié pendant 11 ans avec le grand capital, avec l'Église et même avec les États-Unis, Daniel Ortega s'est senti soudainement trahi. Et cyniquement, il a sorti de sa trousse sa vieille artillerie 'révolutionnaire' : du jour au lendemain, l'entreprise privée est devenue putschiste, l'Église, une secte satanique, et la jeunesse, ce 'trésor divin' de la patrie à laquelle il a fait référence dans ses discours, est devenue une horde de vandales, terroristes et criminels, financés par l'impérialisme, dénonce Juanónimo.

« A ce moment critique, ce dont a le plus besoin Daniel Ortega, c'est de ne pas perdre l'appui de la gauche, continuer à vendre le récit selon lequel il représente et préserve la quintessence de l'anti-impérialisme et de réaffirmer ainsi que tous les opposants au régime ne sont rien de plus que des vestiges de Somoza, des libéraux et des pro-impérialistes.

« Ce n'est pas tomber dans une contradiction, cependant, de reconnaître que dans des situations comme celle dans laquelle nous nous trouvons, les premiers à chercher à en profiter vont toujours être ceux qui sont les plus préparés et qui ont ressources et expertises : la droite, soutenue par les États-Unis, et ses multiples opérateurs, poursuit Juanónimo.

« Il est évident que les gringos sont toujours prêts à aller à la pêche (et davantage dans les eaux troubles) et à rediriger les processus sociaux vers un terrain qu'ils contrôlent. Mais que faire alors ? Simplement se résigner, et jeter l'éponge ? Ou devons-nous poursuivre seuls dans ce combat ?

« Mais nous ne sommes pas dupes non plus. Si les États-Unis n'ont pas fomenté un coup plus retentissant contre ce gouvernement, ce n'est pas par manque de ressources ou d'idées, mais parce que celui-ci continue, d'une certaine façon, à servir ses intérêts dans la région et parce que les gringos, comme la droite, préfèrent une tyrannie avec laquelle ils peuvent négocier que la menace que représente une révolte populaire qu'ils ne contrôlent pas. Daniel Ortega est pleinement conscient de cela et utilise cet atout en lançant la menace que, sans lui, la région plongerait dans un chaos incontrôlable, explique Juanónimo.

« Et devant ce scénario, qu'en pense la gauche bien-pensante ?

« Il est vrai que lorsqu'on a des intérêts particuliers on accorde peu de place à la raison, mais il y a aussi le fait que plusieurs des gros bonnets ne sont pas prêts à mettre en péril leur programme anti-impérialiste en retirant leur soutien à un vieux compagnon de route. Dans le meilleur des cas, ils pourraient admettre que Daniel Ortega a commis une erreur, qu'il a un peu dépassé les bornes, ou même qu'il a trop permis que son épouse, Rosario Murillo, s'immisce dans des affaires qui ne la regardaient pas.

« Mais au bout du compte, lorsqu'on est obsédé par l'impérialisme, on finit par croire que la fin justifie les moyens, et que, par conséquent, 'ce n'est pas le moment d'entrer dans des débats qui pourraient affaiblir le courant progressiste en Amérique latine'. Raison suffisante, selon la gauche bien-pensante, pour que le Nicaragua continue à être immolé au nom de l'ALBA ! Et, avec cette logique sûrement, plus d'un dira de Daniel, à voix basse, ce que les gringos disaient de leur allié, le dictateur Somoza, pour justifier ses exactions sanglantes : 'C'est un fils de pute, mais c'est <u>notre</u> fils de pute !'

« Pour ensuite poursuivre, en argumentant que 'ce qui vient après Daniel peut représenter un risque.'

« Bien sûr, dans ce pays tellement soumis aux intérêts étrangers, tout changement est un risque. Cependant, s'accrocher à la poutre pourrie de peur que s'effondre le plancher au complet ne semble pas l'option la plus intelligente, insiste Juanónimo.

« Face à une opposition idéologiquement dispersée et dont le seul projet commun consiste à exiger le départ d'Ortega-Murillo, ne serait-il pas beaucoup plus cohérent, du point de vue de la gauche, de soutenir les jeunes qui se reconnaissent encore dans les idéaux de Sandino et d'appuyer ces mouvements populaires authentiques pour qu'ils ne soient pas seuls et que leurs causes ne soient pas récupérées par d'autres intérêts ?

« Agir ainsi permettrait à nos parents, qui ont sacrifié le meilleur de leur vie (et de notre enfance) pour une cause aussi généreuse, de ne pas avoir l'impression qu'ils se sont battus en vain, et ne pas penser que ces dérives sanglantes et démentes ont quelque chose à voir avec les idéaux auxquels ils croyaient. Ils ne doivent pas finir leurs jours en se sentant coupables de ces psychopathes meurtriers, déguisés en révolutionnaires.

« Pourquoi ce pays est-il si profondément marqué par l'histoire ? Il y a 40 ans, c'était le tour de nos parents de renverser une dictature. Maintenant c'est le nôtre. Sans armes, presque sans soutien, entourés d'incompréhensions, presque sans moyens, et avec peu de temps pour réfléchir et s'organiser.

« Messieurs les ténors de la gauche bien-pensante : si vous aimez tant Daniel Ortega comme référence et compagnon de route, gardez-le ! Mais par respect pour tous ceux qui ont sacrifié leur vie et continuent de le faire pour des rêves, pour des idéaux et non pour de mesquins intérêts, veuillez cesser de nuire, traversez le trottoir et changez de nom.

« Nous devons réinventer la gauche, l'internationalisme. Sortez de vos estrades et descendez sur terre. Parce que contrairement à ce que vous pensez, c'est à partir de là qu'on arrive à discerner ce qui se dessine à l'horizon.

« Au lieu de continuer à déformer la réalité pour la rendre conforme à vos théories obsolètes, au lieu de défendre l'indéfendable, essayez au moins de trouver une petite place dans vos spéculations pour reconnaître qu'un groupe de personnes enragées, sans armes, sans ressources, sans contacts avec la CIA, puisse avoir le droit d'exister, de s'exprimer et de se battre pour ses droits et ses idéaux de gauche, commente Juanónimo.

« Messieurs les ténors de la gauche bien-pensante : non seulement nous ne nous reconnaissons pas dans les pratiques de cette gauche que vous représentez, mais à ce stade du jeu nous nous déclarons orphelins !

« La gauche est confrontée de manière urgente à de nouveaux défis et dans un nouveau contexte, où n'existent pas de questions ou de réponses claires et encore moins de théories certaines. Il y a des choses que nous n'arrivons pas à comprendre. Mais il y a pire que de ne pas arriver à comprendre : être convaincu de comprendre et avoir recours à des réponses inappropriées, insiste Juanónimo.

« Mais dans tous les cas, il y a une chose qui est ultra claire : sans éthique et humanisme, il n'y a tout simplement pas de gauche possible.

Nicaragua selon Maurice Lemoine : gauche ou
fondamentalisme?

« Un jour, un dissident communiste prophétique et
lucide déclarait :

'*Le vieux monde est en train de mourir. Le nouveau
tarde à venir. Et dans ce clair-obscur surgissent les
monstres.*'

« J'espère que la gauche ne continuera pas à en
devenir complice..., » conclut Juanónimo." [28]

---

[28] "Hay que reinventar la izquierda, que está urgentemente enfrentada a retos nuevos en un contexto nuevo," (Il faut réinventer la gauche, qui est confrontée de manière urgente à de nouveaux défis dans un nouveau contexte), le 8 août 2018, *Nicaragua Investiga*, consulté le 15 août 2018.